DE LA

RACE NOIRE

PAR

SURVILLE TOUSSAINT

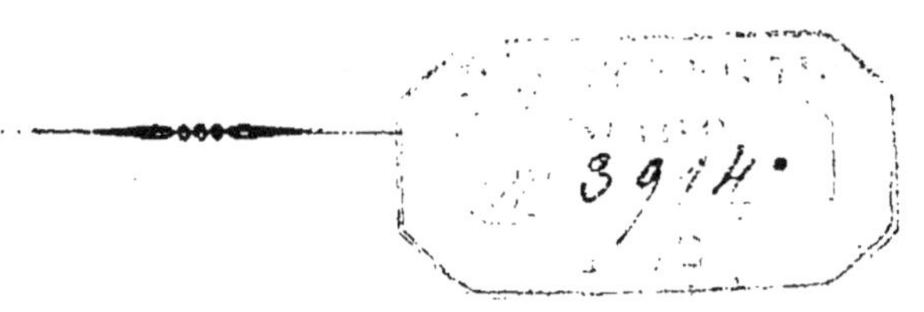

PARIS

IMPRIMERIE ET LIBRAIRIE DE CH. NOBLÉT

18, RUE SOUFFLOT, 18.

1872

LA RACE NOIRE

Autant il y a d'uniformité dans la couleur et dans la forme des habitants naturels de l'Amérique, autant on trouve de variété dans les peuples de l'Afrique. Cette partie du monde était, très-anciennement, très-abondamment peuplée ; le climat y est brûlant, et cependant d'une température très-inégale, suivant les différentes contrées ; et les mœurs des différents peuples sont aussi toutes différentes. Ces causes ont donc concouru à produire en Afrique une variété dans les hommes plus grande que partout ailleurs ; car en examinant d'abord la différence des contrées africaines, nous trouverons que, la chaleur n'étant pas excessive en Barbarie et dans toutes les terres voisines de la mer Méditerranée, les hommes y sont blancs ou seulement un peu basanés : toute cette terre de la Barbarie est rafraîchie, d'un côté, par l'air de la Méditerranée, et, de l'autre, par les neiges du mont Atlas ; elle est, d'ailleurs, située dans la zone tempérée en deçà du tropique ; aussi tous les peuples qui sont depuis l'Égypte jusqu'aux îles Canaries, sont seulement un peu plus ou un peu moins basanés. Au-delà du tropique et du mont Atlas, la chaleur devient beaucoup plus grande et les habitants sont très-bruns, mais ils ne sont pas encore noirs ; ensuite, au 17ᵉ ou

18e degré de latitude nord, on trouve le Sénégal et la
Nubie, dont les habitants sont tout à fait noirs ; aussi
la chaleur y est excessive. On sait qu'au Sénégal elle
est si grande, que la liqueur du thermomètre monte
jusqu'à 38 degrés, tandis qu'en France elle ne monte
que très-rarement à 30 degrés, et qu'au Pérou, quoique situé sous la zone torride, elle est presque toujours au même degré et ne s'élève presque jamais au-
dessus de 25 degrés. Je n'ai pas les observations faites
avec le thermomètre en Nubie, mais tous les voyageurs s'accordent à dire que la chaleur y est excessive ; les déserts sablonneux qui sont entre la Haute-
Egypte et la Nubie échauffent l'air au point que le
vent du nord des Nubiens doit être un vent brûlant ;
d'autre côté, le vent d'est, qui règne le plus ordinaire-
ment entre les tropiques, n'arrive en Nubie qu'après
avoir parcouru les terres de l'Arabie, sur lesquelles il
prend une chaleur que le petit intervalle de la mer
Rouge ne peut guère tempérer. On ne doit donc pas
être surpris d'y trouver les habitants tout à fait noirs ;
cependant ils doivent l'être encore plus au Sénégal,
car le vent d'est ne peut y arriver qu'après avoir parcouru toutes les terres de l'Afrique dans leur plus
grande largeur, ce qui doit le rendre d'une chaleur
insoutenable. Si l'on prend donc toute la partie de
l'Afrique qui est comprise entre les tropiques, où le
vent d'est souffle plus constamment qu'aucun autre,

on concevra aisément que toutes les côtes occidentales de cette partie du monde doivent éprouver et
éprouvent, en effet, une chaleur bien plus grande que
les côtes orientales, parce que le vent d'est arrive sur
les côtes orientales avec la fraîcheur qu'il a prise en
parcourant une vaste mer, au lieu qu'il prend une ardeur brûlante en traversant les terres de l'Afrique
avant d'arriver aux côtes occidentales de cette partie
du monde ; aussi les côtes du Sénégal, de Sierra-
Leone, de la Guinée, en un mot, toutes les terres occidentales de l'Afrique qui sont situées sous la zone
torride, sont les climats les plus chauds de la terre, et
il ne fait pas, à beaucoup près, aussi chaud sur les
côtes orientales de l'Afrique, comme à Mozambique,
à Mombaze, etc. Pour moi, je ne doute pas que ce soit
par cette raison qu'on trouve les vrais nègres, c'est-à-
dire les plus noirs de tous les noirs, dans les terres occidentales de l'Afrique, et qu'au contraire on trouve
les Cafres, c'est-à-dire des noirs moins noirs, dans les
terres orientales ; la différence marquée qui est entre
ces deux espèces de noirs, vient de celle de la chaleur
de leur climat, qui n'est que très-grande dans la partie
de l'orient, mais excessive dans celle de l'occident en
Afrique. Au-delà du tropique, du côté du sud, la chaleur est considérablement diminuée, d'abord par la
hauteur de la latitude, et aussi parce que la pointe de
l'Afrique se rétrécit, et que, cette pointe de terre étant

environnée de la mer de tous côtés, l'air doit y être beaucoup plus tempéré qu'il ne le serait dans le milieu d'un continent ; aussi les hommes de cette contrée commencent à blanchir, et sont même naturellement plus blancs que noirs, comme nous l'avons dit ci-dessus.

Rien ne me paraît prouver plus clairement que le climat est la principale cause de la variété dans l'espèce humaine, que cette couleur des Hottentots, dont la noirceur ne peut avoir été affaiblie que par la température du climat; et si l'on joint à cette preuve toutes celles qu'on doit tirer des convenances que je viens d'exposer, il me semble qu'on ne devra plus douter.

Si nous examinons tous les autres peuples qui sont sous la zone torride au delà de l'Afrique, nous nous-confirmerons encore plus dans cette opinion. Les habitants des Maldives, de Ceylan, de la pointe de la presqu'île de l'Inde, de Sumatra, de Malacca, de Bornéo, de Célèbes, des Philippines, etc., sont tous extrêmement bruns, sans être absolument noirs, parce que toutes ces terres sont des îles ou des presqu'îles ; la mer tempère, dans ces climats, l'ardeur de l'air, qui, d'ailleurs, ne peut jamais être aussi grande que dans l'intérieur ou sur les côtes occidentales de l'Afrique, parce que le vent d'est ou d'ouest qui règne dans cette partie du globe n'arrive sur ces terres de l'archipel Indien qu'après avoir passé sur des mers d'une très-vaste étendue. Toutes ces îles ne sont donc peuplées que d'hommes bruns, parce que la chaleur n'y est pas excessive; mais dans la Nouvelle-Guinée ou terre des Papous, on retrouve des hommes noirs et qui paraissent être de vrais nègres, par les descriptions des voyageurs, parce que ces terres forment un continent du côté de l'est, et que le vent qui traverse ces terres est beaucoup plus ardent que celui qui règne dans l'océan Indien. Dans la Nouvelle-Hollande, où l'ardeur du climat n'est pas si grande, parce que cette île commence à s'éloigner de l'équateur, on trouve des peuples moins noirs et assez semblables aux Hottentots; ces nègres et ces Hottentots, que l'on trouve sous la même latitude, à une si grande distance des autres nègres et des autres Hottentots, ne prouvent-ils pas que leur couleur ne dépend que de l'ardeur du climat? Car on ne peut pas soupçonner qu'il y ait jamais eu de communication de l'Afrique à ce continent austral, et cependant on y retrouve les mêmes espèces d'hommes, parce qu'on y trouve les circonstances qui peuvent occasionner les mêmes degrés de chaleur. Les noirs qu'on a trouvés, mais en fort petit nombre, aux Philippines et dans quelques autres îles de l'océan Indien, viennent apparemment de ces Papous ou nègres de la Nouvelle-Guinée, que les Européens ne connaissent que depuis environ un siècle. Dampierre découvrit, en 1700, la partie la plus orientale de cette

terre, à laquelle il donna le nom de Nouvelle-Bre-
tagne ; mais on ignore encore l'étendue de cette contrée, on sait seulement qu'elle n'est pas fort peuplée
dans les parties que l'on a reconnues.

On ne trouve donc des noirs que dans les climats de
la terre où toutes les circonstances sont réunies pour
produire une chaleur constante et toujours excessive.
Cette chaleur est si nécessaire, non-seulement à la
production, mais même à la conservation des noirs,
qu'on a observé dans les Antilles, où la chaleur,
quoique très-forte, n'est pas comparable à celle du Sénégal, que les enfants nouveau-nés des noirs sont si
susceptibles des impressions de l'air, que l'on est obligé
de les tenir, pendant les neuf premiers jours après
leur naissance, dans des chambres bien fermées et bien
chaudes ; si l'on ne prend pas ces précautions et qu'on
les expose à l'air au moment de leur naissance, il leur
survient une convulsion à la mâchoire qui les em-
pêche de prendre de la nourriture et qui les fait mou-
rir. M. Littré, qui fit en 1702 la dissection d'un noir,
observa que le bout du gland qui n'était pas couvert
du prépuce était noir comme toute la peau, et que le
reste, qui était couvert, était parfaitement blanc. Cette
observation prouve que l'action de l'air est nécessaire
pour produire la noirceur de la peau des hommes
noirs ; leurs enfants naissent blancs ou plutôt rouges
comme ceux des autres hommes ; mais deux ou trois

jours après qu'ils sont nés, la couleur change, ils paraissent d'un jaune basané qui se brunit peu à peu, et au septième ou huitième jour, ils sont déjà tout noirs. On sait que, deux ou trois jours après la naissance, tous les enfants ont une espèce de jaunisse ; cette jaunisse chez les blancs n'a qu'un effet passager et ne laisse à la peau aucune impression marquée ; chez les noirs, au contraire, elle donne à la peau une couleur ineffaçable et qui noircit de plus en plus. M. Kolbe dit avoir remarqué que les enfants des Hottentots, qui naissent blancs comme ceux d'Europe, deviennent olivâtres par l'effet de cette jaunisse qui se répand dans toute la peau trois ou quatre jours après la naissance de l'enfant, et qui, par la suite, ne disparaît plus. Cependant cette jaunisse et l'impression actuelle de l'air ne me paraissent être que les causes occasionnelles de la noirceur de la peau, et non pas la cause première ; car on remarque que les enfants des nègres ont, dans le moment même de leur naissance, du noir à la racine des ongles et aux parties génitales. L'action de l'air et la jaunisse serviront, si l'on veut, à étendre cette couleur ; mais il est certain que le germe de la noirceur est communiqué aux enfants par les pères et mères ; qu'en quelque pays qu'un nègre vienne au monde, il sera noir comme s'il était né dans son propre pays, et que, s'il y a quelque différence dès la première génération, elle est si insensible, qu'on ne s'en est pas aperçu. Voyez aux Etats-Unis, voyez dans les Antilles. Cependant cela ne suffit pas pour qu'on soit en droit d'assurer qu'après un certain nombre de générations, cette couleur ne changerait pas sensiblement ; il y a, au contraire, toutes les raisons du monde pour présumer que, comme elle ne vient originairement que de l'ardeur du climat et de l'action longtemps continuée de la chaleur, elle s'effacerait peu à peu par la température d'un climat froid, et que, par conséquent, si l'on transportait des nègres dans un pays du nord, leurs descendants, à la huitième ou dixième génération, seraient beaucoup moins noirs que leurs ancêtres, et peut-être aussi blancs que les peuples originaires du climat froid où ils habiteraient.

Les anatomistes ont cherché dans quelle partie de la peau résidait la couleur noire des nègres. Les uns prétendent que ce n'est ni dans le corps de la peau, ni dans l'épiderme, mais dans la membrane réticulaire, qui se trouve entre l'épiderme et la peau ; que cette membrane, lavée et tenue dans l'eau tiède pendant fort longtemps, ne change pas de couleur et reste toujours noire, au lieu que la peau et la surpeau paraissent être à peu près aussi blanches que celles des autres hommes. Le docteur Towns et quelques autres ont prétendu que le sang des noirs était beaucoup plus foncé que celui des blancs. Je suis de cet avis ; mais n'est-il pas vrai aussi que les hommes qui habitent plus au sud de l'Europe, et qui ont le teint basané, jaunâtre ou brun, ont le sang plus noir que les autres? Ces auteurs prétendent aussi que la couleur des nègres vient de celle de leur sang. M. Barrère, savant français, qui paraît avoir étudié la chose de plus près qu'aucun autre, dit, aussi bien que le docteur Winslow, que l'épiderme des nègres est noir, et que, s'il a paru blanc à ceux qui l'ont examiné, c'est parce qu'il est extrêmement mince et transparent, mais qu'il est réellement aussi noir que de la corne noire qu'on aurait réduite à une aussi petite épaisseur. Ils assurent aussi que la peau des nègres est d'un rouge brun approchant du noir. Cette couleur de l'épiderme et de la peau des nègres est produite, selon M. Barrère, par la bile, qui, dans les nègres, n'est pas jaune, mais toujours noire, comme il croit s'en être assuré sur plusieurs cadavres qu'il a eu occasion de disséquer à Cayenne. Mais la mort n'y est-elle donc pas pour quelque chose? La bile teint, en effet, la peau des blancs en jaune lorsqu'elle se répand, et il y a apparence que, si elle était noire, elle la teindrait en noir; mais dès que l'épanchement de bile cesse, la peau reprend sa blancheur naturelle. Il faudrait donc supposer que la bile est toujours répandue dans les noirs, ou bien que, comme le dit M. Barrère, elle fût si abondante, qu'elle se séparât naturellement dans l'épiderme en assez grande quantité pour lui donner cette couleur noire. Au reste, il est naturel que la bile et le sang soient plus bruns dans les noirs que dans les blancs, comme la peau est aussi plus noire ; mais l'un de ces faits ne peut pas servir à expliquer la cause de l'autre ; car, si l'on prétend que c'est le sang ou la bile qui, par leur noirceur, donnent cette couleur à la peau, alors, au lieu de demander pourquoi les noirs ont la peau ainsi, on demandera pourquoi ils ont la bile ou le sang plus noir. Ce n'est donc qu'éloigner la question au lieu de la résoudre. Pour moi, j'avoue qu'il m'a toujours paru que la même cause qui brunit les blancs lorsqu'ils sont exposés au grand air et aux ardeurs du soleil, cette cause qui fait que les Espagnols sont plus bruns que les Français et les Arabes plus que les Espagnols, fait aussi que les noirs d'Afrique le sont plus que les Arabes. D'ailleurs, je ne veux pas chercher ici comment cette cause agit, mais seulement m'assurer qu'elle agit, et que ses effets sont d'autant plus grands et plus sensibles qu'elle agit plus fortement et plus longtemps.

La chaleur du climat est la principale cause de la couleur noire. Lorsque cette chaleur est excessive, comme au Sénégal et en Guinée, les hommes sont tout à fait noirs ; lorsqu'elle est un peu moins forte, comme sur les côtes orientales de l'Afrique, les hommes sont moins noirs ; lorsqu'elle commence à devenir un peu plus tempérée, comme en Barbarie, au Mogol, en Arabie, etc., les hommes ne sont que bruns ; et enfin lorsqu'elle est tout à fait tempérée, comme en Europe et en Asie, les hommes sont blancs : on y remarque seulement quelques variétés qui ne viennent que de la manière de vivre ; par exemple, tous les Tartares sont basanés, tandis que les peuples de l'Europe qui sont sous la même latitude sont blancs ; on doit, ce me semble, attribuer cette différence à ce que les Tartares sont toujours exposés à l'air, qu'ils n'ont ni villes ni demeures fixes, qu'ils couchent sur la terre, qu'ils vivent d'une manière dure et sauvage : cela seul suffit pour qu'ils soient moins blancs que les peuples de l'Europe auxquels il ne manque rien de tout ce qui peut rendre la vie douce. Pourquoi les Chinois sont-ils plus blancs que les Tartares, auxquels ils ressemblent d'ailleurs par tous les traits du visage ? C'est parce qu'ils habitent des villes, parce qu'ils sont policés, parce qu'ils ont tous les moyens de se garantir des injures de l'air et de la terre et que les Tartares y sont perpétuellement exposés.

Mais lorsque le froid est extrême, il produit quelques effets semblables à ceux de la chaleur excessive ; les Lapons, les Groënlandais sont fort basanés ; on assure même qu'il se trouve parmi les Groënlandais des hommes aussi noirs que ceux de l'Afrique. Les deux extrêmes, comme l'on voit, se rapprochent encore ici, un froid très-vif et une chaleur brûlante pro-

duisent le même effet sur la peau, parce que l'une et
l'autre de ces causes agissent par une qualité qui leur
est commune; cette qualité est la sécheresse qui, dans
un air très-froid, peut être aussi grande que dans un
air chaud ; le froid comme le chaud doit dessécher la
peau, l'altérer et lui donner cette couleur basanée que
l'on trouve dans les Lapons. Le froid resserre, rape-
tisse et réduit à un moindre volume toutes les pro-
ductions de la nature ; aussi les Lapons, qui sont perpétuellement exposés à la rigueur du plus grand froid,
sont les plus petits de tous les hommes.

Rien ne prouve mieux l'influence du climat que cette
race laponne qui se trouve placée tout le long du
cercle polaire dans une très-longue zone dont la largeur est bornée par l'étendue du climat excessivement
froid et finit dès qu'on arrive dans un pays un peu plus
tempéré.

Le climat le plus tempéré est depuis le 40ᵉ degré
jusqu'au 50ᵉ; c'est aussi sous cette zone que se trouvent
les hommes les plus beaux et les mieux faits ; c'est
sous ce climat qu'on doit prendre l'idée de la vraie
couleur naturelle de l'homme; c'est là où l'on doit
prendre le modèle ou l'unité à laquelle il faut rappor-
ter toutes les autres nuances de couleur et de beauté;
les deux extrêmes sont également éloignés du vrai et
du beau. Les pays policés situés sous cette zone sont la
Géorgie, la Circassie, l'Ukraine, la Turquie d'Europe,

la Hongrie, l'Allemagne méridionale, la Suisse, la France, et la partie septentrionale de l'Espagne. Tous ces peuples sont aussi les plus beaux et les mieux faits de toute la terre.

Un absurde et barbare préjugé a fait croire pendant longtemps aux Européens que les noirs d'Afrique et les habitants du Nouveau-Monde étaient d'une nature inférieure à la leur, et qu'on pouvait les traiter comme on traite des animaux. Cette idée, fortifiée par une cupidité digne de mépris et d'horreur, cette idée si contraire à l'esprit de la religion chrétienne, porta les Espagnols à massacrer des milliers d'Américains, à dresser des chiens pour les dévorer, tandis que les pontifes romains, par de simples bulles, déclaraient ces régions inconnues des *terres de propriété chrétienne*. L'Afrique a vu des blancs aussi tomber chez elle comme des vautours, enlever les nègres, les entasser dans des vaisseaux comme des ballots de marchandises, les transporter sous un ciel étranger, les enchaîner au sol qu'ils doivent labourer et les exciter au travail avec le fouet et le bâton. Vous regardez les noirs comme d'une race moins parfaite que la vôtre : jetez donc les yeux sur Haïti : comparez l'ordre social qui y règne, et comparez Saint-Domingue tel que l'a fait la liberté avec ce qu'il était sous votre domination.

La race noire en Haïti était destinée à tenir le flambeau qui devait éclairer ses frères en Amérique, dans le sentier de l'indépendance et de la civilisation; mais malheureusement ses destinées ont été toujours confiées à des hommes qui n'ont jamais bien compris leur mission providentielle, et qui ont mieux aimé, soit par découragement, mauvaise foi, cupidité, méchanceté ou ignorance, subir la condamnation de la postérité comme les détracteurs de leur propre race, plutôt que d'avoir la gloire d'en être les bienfaiteurs.

M. J. Bazelais, dans un article fort remarquable inséré dans le *Civilisateur*, a dit :

« Si Pétion, si Boyer n'ont pu suffire à la tâche, comment Rivière, comment Guerrier, comment Pierrot, comment Riché, comment Soulouque, comment Geffrard, malgré ses dehors trompeurs, comment Salnave, tous ces chefs qui ont surgi sans culture et sans préparation à la première magistrature de l'État, pourraient-ils répondre, juste dans la spécialité la plus difficile de toutes, à de telles exigences? »

On ne saurait prédire encore le sort qui sera réservé à la race noire en Haïti. Ce qu'il y a de certain, c'est qu'elle n'a rien à regretter dans ses différents chefs d'État.

SURVILLE TOUSSAINT.

Imprimé par Ch. Noblet, rue Soufflot, 18